1. Einen Feiertag erfinden.

Die Zeit zwischen Pfingsten und Weihnachten ist zu lang und du könntest mal wieder einen Grund zum Feiern brauchen? Erfinde doch deinen eigenen Feiertag und zelebrier ihn! Wie wäre es mit einem wunderbaren »Stellt eure Pferde auf die Veranda«-Tag à la Pippi Langstrumpf? Mach dir die Welt, wie sie dir gefällt!

99 DINGE

DIE DU UNBEDINGT EINMAL TUN SOLLTEST

Weil das Leben zu kurz ist für später

mvgverlag

2. Bei Olympia teilnehmen.

Olympia ist hoch gegriffen? Vielleicht. Aber nimm dir dennoch ein Beispiel an den jamaikanischen Bobfahrern und versuch dich an einer nicht so ganz bekannten Sportart in deiner Gegend. Schon mal was von Kunstradfahren, Zorbing oder Schachboxen gehört? Nein? Dann wird es Zeit, damit anzufangen.

3. Drei wirklich gute Witze lernen.

Manchmal kann man unangenehmes Schweigen nur durch einen guten Witz brechen. Daher kann es nie schaden, ein paar davon parat zu haben. Achte aber darauf, dass du dich weder über Religion, Politik oder andere Länder lustig machst, sonst könnte das darauf folgende Schweigen noch unangenehmer werden.

4. Komparse bei der Lieblingsserie werden.

Gut, vielleicht wird es etwas schwierig, bei Serien wie *The Walking Dead* unterzukommen, aber bei deutschen funktioniert das ganz gut. Spezielle Agenturen suchen immer wieder Statisten für *GZSZ*, *Die Rosenheim-Cops* oder *Sturm der Liebe*. Ein Blick hinter die Kulissen lohnt sich immer und du hast hinterher garantiert etwas zu erzählen: »Also weißt du, der Bliblablubb, der ist ja im echten Leben noch viel netter als in der Serie ...«

5. Mindestens einen Monat in einem anderen Land verbringen.

Ein, zwei Wochen in einem anderen Land verbringen, das tun viele. Um Land und Leute aber wirklich kennenzulernen, braucht es schon mindestens einen Monat. Und lass dir gesagt sein: Es lohnt sich. Aus meinem einen Monat sind mittlerweile schon ein paar Jahre geworden ...

6. Den Moonwalk lernen.

Mal ehrlich, alle sind beeindruckt, wenn jemand den Moonwalk kann. Warum sollst also nicht du diese von allen bewunderte Person sein? Eben. Leg los und beat it!

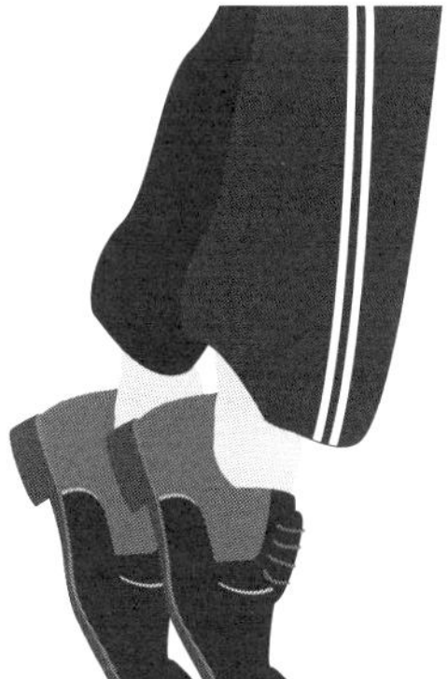

7. Nur bequeme Schuhe tragen.

High Heels sehen toll aus und machen wunderschöne lange Beine, keine Frage. Aber irgendwann kommt der Moment, an dem man eine Grundsatzentscheidung treffen muss. Triff die richtige.

8. Wiener Walzer tanzen in Wien.

Und wenn du schon dabei bist, iss auch noch ein Stück Sachertorte in einem Wiener Kaffeehaus, trink einen Verlängerten und gönn dir zum Abschluss noch eine Runde im alten Riesenrad im Prater.

9. Cybersex haben.

Kann genauso viel Spaß machen wie richtiger Sex, ist aber absolut sicher. Telefonsex geht auch!

10. Selbst Feuerholz schlagen.

Vielleicht musst du nicht direkt beim ganzen Baum anfangen, wenn du keinen eigenen Wald hast, aber das Holz klein hacken ist auch schon ausgezeichnet. Schön mit der Axt ausholen und das Stück vor dir spalten. Eignet sich wunderbar als Aggressionsbewältigungsprogramm, und jede Wette: Dir ist hinterher so warm wie selten. Ganz ohne Feuer.

11. Den Guinness-Weltrekord brechen.

Gut, für manche Rekorde muss man eine genetische Veranlagung haben wie zum Beispiel für die längste Zunge der Welt. Doch manches kann man lernen. Vielleicht die 55 Seilsprünge in einer Minute mit Cloggs an den Füßen überbieten? Oder Sie denken sich Ihren eigenen Rekord aus. Wie wär's mit dem längsten Zungenbrecher, während Sie rückwärts mit dem Bobbycar die *Streif* runterfahren? Nicht? Ihnen fällt bestimmt etwas ein.

12. Eine Kuh melken.

Nein, du musst keine Kuh melken, wenn du das eklig findest. Aber wie wäre es mal wieder mit einem Spaziergang im Wald? Oder zeig deinen Kindern zumindest, dass Kühe nicht lila sind und wie man eine Krone aus Margeriten flicht.

13. Eine Krone aus Margeriten flechten.

Solltest du das als Kind nicht gelernt haben, es geht so:

1. Pflücke die größten Blumen, die du finden kannst. Je länger die Stiele, desto einfacher das Flechten.
2. Schneide einen schmalen Schlitz in die Mitte des Stiels, ohne ihn zu brechen. Du kannst das direkt unter der Blüte oder in der Hälfte des Stiels machen.
3. Ziehe den Stiel einer anderen Margerite durch den Schlitz, bis die Blüte am anderen Stiel anliegt.

4. Mache das mit weiteren Margeriten, bis du die richtige Länge für dein Armband, deine Kette oder deine Krone erreicht hast.
5. Schneide einen zweiten Schlitz in den ersten Stiel, wenn du denkst, dass deine Margeritenkette lang genug ist. Ziehe die letzte Margerite durch diesen Schlitz, damit du einen Kreis erhältst.

14. Eine Rede für die Bundeskanzlerin schreiben.

Was hättest du gern, das es die Bundeskanzlerin einmal verkündet? Niedrigere Steuern? Mehr Rente? Oder einfach nur, dass die S-Bahn wie gewohnt fährt? Schreib alles auf, egal, wie unmöglich es dir vorkommt, und sieh dir die Liste hinterher an. Bei welchen Punkten kannst du selbst aktiv werden? Was musst du tun, damit die Punkte in erreichbare Nähe rücken? Steh auf, engagier dich.

15. Bei jeder Wahl die Stimme abgeben.

Dass es wichtig ist, bei der Bundes- und Landtagswahl die Stimme abzugeben, hat mittlerweile wohl jeder begriffen. Doch was ist mit der Europawahl? Kommunalwahlen? Vorstandswahlen beim Hasenzüchterverein? Nur wer mit abstimmt, hat das Recht, sich hinterher zu beschweren, weil wieder »dieser Depp« gewählt wurde.

16. Sich festlegen.

Lieber Stadt oder Land? Karriere oder Familie? Pizza oder Pasta? Entscheidungen sind schwer und wollen gut überlegt sein. Es ist wunderbar, dass wir in einer Welt leben, in der uns so viele Möglichkeiten offenstehen und wir uns jeden Tag neu erfinden können. Doch es tut unserem Seelenheil gut, wenn wir uns zumindest bei einigen Dingen festlegen und nicht mehr hadern. Und sei es nur der Kurzhaarschnitt.

17. Die Steuer VOR Ostern machen.

Ja, es soll Leute geben, die das wirklich hinbekommen. Und lass dir etwas gesagt sein: Diese Menschen sind die glücklicheren, denn sie müssen den Rest des Jahres nicht mehr daran denken. Nimm dir ein Beispiel, dein Gewissen wird es dir danken.

18. Mit dem besten Freund aus Kindertagen essen gehen.

Erinnerst du dich noch an Tina vom Spielplatz? Mit der du immer alleinerziehende Mutter mit Kind gespielt hast? Was ist eigentlich aus ihr geworden? Lebt ihr ein ähnliches Leben oder habt ihr euch sehr voneinander entfernt? Ruf sie an und finde es heraus!

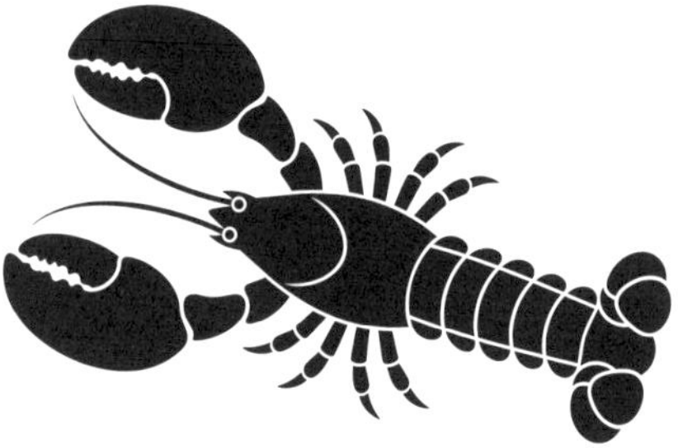

19. Das größte Wollknäuel der Welt anschauen.

Gut, es muss nicht unbedingt das Wollknäuel (USA) sein, es geht auch die größte Teflonpfanne (auch USA), der Riesenhummer in Australien oder Carhenge (wer hätte es gedacht, auch USA). Nein, Spaß beiseite. Was ich dir eigentlich sagen will: Du musst nicht immer den üblichen Sehenswürdigkeiten folgen. Der beste Roadtrip kann sich ergeben, wenn man sich ein eher ungewöhnliches Ziel setzt. Also rein ins Auto und vielleicht doch mal das auf dem Kopf stehende Haus auf Usedom besichtigen.

20. Am Rodeo Drive shoppen.

Jeder, der es sich leisten kann, wird dabei sein Vergnügen haben. Wer aber – wie ich – nicht zu dieser seltenen Spezies gehört, der kann es machen wie Julia Roberts in *Pretty Woman*: sich schick angezogen in einem exquisiten Laden umsehen, die Nase rümpfen, verkünden: »Hier kaufe ich nicht«, und sich auf dem Absatz umdrehen und das Geschäft wieder verlassen. Macht mindestens genauso viel Spaß!

21. Quer durch das eigene Bundesland Rad fahren.

Ich hatte als Kind ein Brettspiel, das hieß »Quer durch Deutschland«. Da musste man mit seinem Spielstein und einem imaginären Fahrrad verschiedenste Sehenswürdigkeiten abfahren. Die Idee finde ich gar nicht schlecht. So zwei, drei Sehenswürdigkeiten im Jahr vornehmen und darauf losgeradelt! Auf dem Weg gibt es bestimmt noch viel mehr Tolles zu sehen!

22. Mit Hut und Peitsche Petra besuchen.

Wer sich grad unsicher ist: Petra ist diese wunderbare Felsenstadt aus dem dritten Indiana-Jones-Film. Ich sehe, jetzt verstehst du auch das mit Hut und Peitsche. Denn mal ehrlich: Wer wollte nicht schon immer mal so cool sein wie Indy? Eben! Apropos: Jordanien bietet noch die eine oder andere weitere Sehenswürdigkeit. Ein Trip dorthin lohnt sich also auf jeden Fall!

23. Nichts tun, ohne sich schuldig zu fühlen.

Die Wäsche müsste noch aufgehängt werden, die Fenster geputzt und ach ja, Ostern ist auch bald wieder, und da wollte ich doch mit der Steuer fertig sein, damit ich den Rest des Jahres entspannen kann. Das ist auch alles schön und gut, aber manchmal muss man schon JETZT entspannen. Und zwar den ganzen Tag. Auf'm Sofa. Im Pyjama. Ohne schlechtes Gewissen. Basta!

24. Die Abseitsregel kennen.

Mit nichts, nicht einmal mit feinen Dessous, kann man Männer besser beeindrucken als mit einem an der richtigen Stelle eingeworfenen »Mensch, das war Abseits, das sieht doch jeder!«. Also hier einmal zum Mitschreiben:

Ein Spieler befindet sich in einer Abseitsstellung, wenn er

- der gegnerischen Torlinie näher ist als der Ball und
- der gegnerischen Torlinie näher ist als der vorletzte Gegenspieler [sich weniger als zwei gegnerische Spieler, gleich ob Torwart oder Feldspieler, auf gleicher Höhe mit ihm oder vor ihm befinden] und

- sich in der gegnerischen Spielhälfte befindet.

Alles klar? Gut. Die nächste WM kann kommen!

25. Mit den Fingern pfeifen lernen.

Okay, es gibt eines, womit man auch bei den nicht so fußballbegeisterten Herren Eindruck schinden kann: mit den Fingern pfeifen. Es gibt viele Varianten dieser wunderbaren Fertigkeit. Hier eine kurze Anleitung für den Klassiker, das Pfeifen mit zwei Fingern:

1. Drücke die Enden deines Zeigefingers und deines Daumens zusammen.
2. Öffne deinen Mund und strecke deine Lippen über deine Zähne hinweg.
3. Verlagere deine Zunge in deinem Mund nach hinten.
4. Stecke deinen Zeigefinger und deinen Daumen in deinen Mund hinein.
5. Atme tief ein und schließe deinen Mund um deine Finger herum.

6. Blase Luft durch deine Finger hindurch und aus deinem Mund heraus.

Wenn du das beherrschst, kannst du immer sichergehen, dass du bemerkt wirst. Sei es nun von einem Taxi oder einem Kerl.

26. Genau verstehen, wie ein Auto funktioniert.

Die Anhängerkupplung ist also ungefähr wie die Milz. Ganz nützlich, braucht man aber nicht unbedingt. Und was ist noch einmal ein Schaltriemen? Wie funktioniert das mit den verschiedenen Gängen und was macht das Getriebe? Eine Stunde beim Autoversteher deines Vertrauens, und du stehst nie wieder auf dem Bremsschlauch. Ähäm.

27. Ein Held sein.

Fliegen können wär super, genauso wie Teleportation. Aber man muss keine Superkräfte haben, um ein Held sein zu können. Manchmal reicht es auch schon, der älteren Nachbarin die Einkäufe hochzutragen oder auf die Kinder der Kollegin aufzupassen, während sie ein wichtiges Meeting hat. Alltagshelden braucht es immer.

28. Ein Champions-League-Spiel in der Allianz Arena sehen.

Wenn du dich mal von der Größe und Ausstrahlung eines Fußballstadions begeistern lassen willst, geh in die Allianz Arena. Wenn du auch noch super Fußball sehen willst, dann besuchst du am besten ein Champions-League-Spiel. Idealerweise gegen Real Madrid oder Barcelona. So sieht richtig guter Fußball aus.

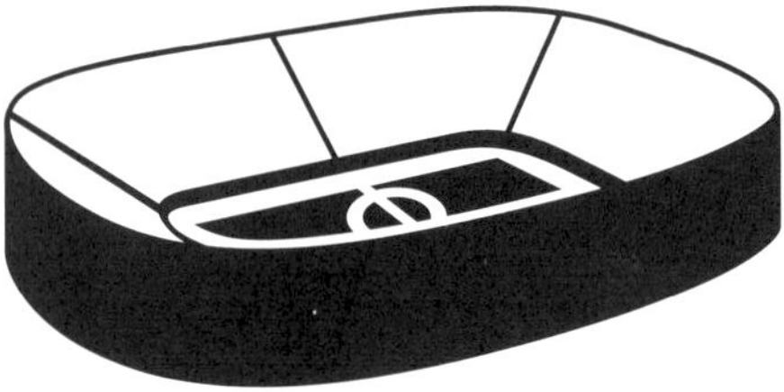

29. Ein Spiel im Grünwalder Stadion sehen.

Wenn du aber einmal richtig gute Stimmung erleben willst, dann geh zu einem 60er-Spiel in das Grünwalder Stadion. Dort gibt es zwar nicht mehr ganz erstklassigen Fußball zu sehen, aber dafür umso leidenschaftlichere Fans. In der Westkurve bleibt keine Kehle trocken und kein Herz unberührt.

30. Die Welt in 80 Tagen bereisen.

Extra-Punkte für eine mit dem Heißluftballon zurückgelegte Strecke! Ich persönlich empfehle dafür Kappadokien in der Zentraltürkei mit seinen magischen Feenkaminen.

31. Ein Gemälde kaufen.

Während man sich zu seiner Teenager-Zeit noch gut mit Postern an der Wand über Wasser halten kann, wird es spätestens mit 30 Zeit, diese flatterhaften Dinger endlich zu rahmen oder sich gar ein richtiges Bild zuzulegen. Klar, ein Bild vom Flohmarkt geht immer, genauso wie ein Druck eines berühmten Gemäldes. Aber wie wäre es, einem jungen, unbekannten Künstler ein Gemälde abzukaufen? Vielleicht wird er ja eines Tages berühmt? Wertanlage nennt sich so was!

32. Trivial Pursuit gewinnen.

Einmal bei Trivial Pursuit gewinnen, das ist doch der Traum eines jeden Klugscheißers. Für die, die nun sagen: »Hab ich doch schon längst.« – nein, ich spreche nicht von gelben Karten für die jüngeren, mit denen man normalerweise spielt, damit es überhaupt einen Gewinner gibt. Ich spreche von den richtig harten blauen Masterfragen für die Pros. Einmal diesen Olymp des Wissens besteigen und auf all die armen kognitiv Benachteiligten herabschauen. Das wär's doch.

33. New York im Winter besuchen.

Einmal den riesigen Weihnachtsbaum vor dem Rockefeller Center sehen, im Plaza einchecken und bei Macy's den Weihnachtseinkauf machen. Das ist ein Traum, den ich seit *Kevin – Allein in New York* habe und den ich mir sicher noch erfüllen werde. Vielleicht treffen wir uns ja bei der Taubenfrau im Central Park.

34. Alle Songtexte der Lieblingslieder auswendig lernen.

Mit dem Refrain geht es meistens noch ganz gut, aber bei den Strophen setzt es dann schon aus. Am schlimmsten ist es mit Lieblingsliedern aus der Kindheit, als »englisch« noch ein sehr dehnbarer Begriff war. Also mal mit den Lyrics in der Hand das Lied hören und endlich auch die letzten Zeilen von *Wannabe* komplett mitsingen können:

Slam your body down and wind it all around
Slam your body down and zigazig ah
If you wanna be my lover

35. Jedes Buch lesen, das man besitzt.

Mein SUB (Stapel ungelesener Bücher) ist noch ungebrochen hoch, was wohl auch daran liegt, dass ich eine intensive Flohmarkt-Bücher-Kaufphase hatte. Doch ich nehme es mir fest vor, jedes Jahr zumindest drei von diesen Büchern zu lesen, bevor ich mir neue kaufe. Und siehe da, die Bücher sind tatsächlich wirklich gut. Es braucht nur den ersten Schritt: aufschlagen und reinlesen.

36. Haggis probieren.

In jedem Englischbuch weltweit kommt irgendwann das Kapitel zu regionalen Besonderheiten und garantiert befindet sich dort dann auch ein Foto von Haggis, einer schottischen Spezialität: mit Innereien gefüllter Schafsmagen. In meiner Kindheit konnte ich mir nichts Ekelhafteres vorstellen. Doch ich muss sagen, so übel war es gar nicht. Was ist für dich das grausigste Gericht, das du dir vorstellen kannst? Sei mutig und probier es. Im Zweifel einfach einen Schnaps hinterherkippen.

37. Den Carlton Dance tanzen.

Erinnerst du dich noch an Carlton, den nervigen Cousin von Will Smith aus *Der Prinz von Bel Air*? Und an seinen bescheuerten Tanz? Wenn nicht, gib dir ein YouTube-Video dazu. Und dann geh einfach genauso fröhlich auf die Musik ab wie Carlton. Am besten schon morgens, denn einen besseren Start in den Tag gibt es nicht. Und es heißt doch immer: Wie man den Morgen verbringt, so wird auch der Tag.

38. Für den Ironman trainieren.

Der Ironman, ist das nicht dieser Triathlon auf Hawaii, bei dem so Verrückte wie Joey Kelly mitmachen? Genau das ist er. Aber keine Sorge, ich will nicht, dass jeder sein normales Leben aufgibt, um genügend trainieren zu können, um dort an den Start zu gehen. Aber große Ziele setzen schadet nicht. Vielleicht entdeckst du ja, dass du ein hervorragender Schwimmer bist? Oder fährst du lieber Rad? Finde es heraus und widme dich deinem neuen Hobby.

39. Lernen, wie man auf jedem Foto gut aussieht, und es dann sein lassen.

Das Gewicht nur auf ein Bein verlagern, den Kopf leicht anheben, Kinn nach vorne schieben, durch den Mund atmen und natürlich lächeln. Wer diesen und ein paar andere Tipps anwendet, wird immer gut auf Fotos aussehen und kann sich diese dann an die Wand hängen. Wenn die aber voll ist, kann man diese Tipps getrost wieder vergessen und lieber Spaß haben. Schnappschüsse sind sowieso das Beste.

40. Den Job lieben.

Ich gebe es zu, dieser Punkt kann manchmal eine Herausforderung sein. Aber es geht gar nicht darum, jeden Tag freudestrahlend zur Arbeit zu gehen. Klar darf sie dich mal ankotzen und klar können die Kollegen nerven. Doch im Großen und Ganzen solltest du deine Arbeit mögen. Ist das nicht der Fall: It's time for a change.

41. Ein Cricket-Spiel in Indien sehen.

Um das erst einmal klarzustellen: Cricket ist nicht das Spiel, bei dem man mit Flamingos als Schläger Igelbälle durch Kartentore schieben muss. Das ist Krocket und wird auch nur bei *Alice im Wunderland* mit Tieren gespielt. Cricket ist eine Mannschaftssportart, die vielleicht noch am ehesten mit Baseball zu vergleichen ist. Wie genau Cricket funktioniert, weiß ich leider auch nicht genau, aber ich weiß, dass es die größte Freude ist, Inder beim Anfeuern bei ihrer Lieblingssportart zu beobachten. Und kein Wunder, schließlich ist Cricket dort dasselbe, was Fußball für uns ist. Die Kinder auf'm Bolzplatz werfen und schlagen halt den Ball, statt ihn zu treten. Wenn man also ein Stück Kultur abseits von Tempeln aus einem Indienurlaub mitnehmen will, dann beim Cricket.

42. In einem Orchester spielen.

Musikalisches Können ist nicht jedem in die Wiege gelegt, aber zum Glück gibt es auch immer noch die Klanghölzer und die Triangel. Das Einzige, was du brauchst, ist also etwas Taktgefühl und die Fähigkeit, auf ein Zeichen hin ein silbernes Ding gegen ein anderes silbernes Ding zu schlagen. Läuft!

43. Den Lieblingsfilm der Kindheit noch einmal anschauen.

Ich hab ja mit meiner Mama früher immer *Ghost – Nachricht von Sam geschaut*. Molly und Sam waren das perfekte Paar für mich, die schwarzen Teufelchen haben mir Angst gemacht und Whoopi Goldberg hat mich begeistert. Neulich hab ich den Film das erste Mal seit über 20 Jahren wieder gesehen, und ja, ich hab immer noch geheult, als Sam den Penny hochgehoben hat.

44. St. Patrick's Day in Dublin feiern.

Ganz in Grün gekleidet und schön koboldbehütet die Parade an sich vorbeiziehen sehen und danach auf ein Guinness in die Temple Bar. Mehr Irland geht nicht.

45. Mit der Handbremse eine 180-Grad-Wendung wie im Film hinlegen.

James Bond tut es, der Transporter tut es und du kannst es auch lernen. Alles, was du dafür brauchst, sind ein Auto mit Handbremse und genügend Platz zum Üben (ein Supermarkt-Parkplatz eignet sich hervorragend). Schon nach einer halben Stunde wirst du das Manöver gut beherrschen. Es würde mich nicht wundern, wenn bald der MI6 bei dir klingeln würde.

46. Jeden im Büro kennen.

Je nach Büro ist das besser oder schlechter möglich, aber es kann nicht schaden, es sich dennoch vorzunehmen. Wer hätte gedacht, dass Julia aus der Grafik Pole Dance macht? Oder dass Marc aus der IT gern a cappella singt? Da verbergen sich tolle Geschichten hinter den unbekannten Gesichtern. Und mal ehrlich ... es kann nie schaden, einen Stein bei der IT im Brett zu haben.

47. Schlammbaden.

Kennst du die Serie *Suits*? Wenn nicht, dann fang unbedingt damit an, es lohnt sich, das anzuschauen. Schon allein weil ich dadurch das Schlammbaden für mich entdeckt habe. Es fühlt sich einfach super an, in dieses vermeintlich eklige Nass zu steigen und die Finger durch den Schlamm gleiten zu lassen. Und was noch toll ist am Im-Dreck-Planschen: Es lindert nicht nur Gelenkschmerzen, sondern stärkt auch noch das Bindegewebe. Cellulite, du kannst mich mal!

48. Den Frühling auf Madeira verbringen.

Ein anderes Klima würde dir guttun. Das wusste sogar schon Sissis Hausarzt. Wieso also nicht gleich es ihr nachtun und ein paar Wochen auf Madeira verweilen? Wenn du noch mehr Zeit hast, dann hätte ich erstens gern deinen Job und zweitens könntest du dann die ganze Sissi-Tour machen. Korfu soll ja auch toll sein.

49. Einen Fremden fragen, ob er mit dir ausgehen will.

Es erfordert Mut, jemand Fremden anzusprechen. Doch das Schlimmste, was passieren könnte, ist, ein Nein als Antwort zu erhalten. Das Beste, was passieren kann, ist, deinen absoluten Traumpartner zu finden. Was wiegt also schwerer?

50. Den Zauberwürfel lösen.

Jeder kennt ihn, jeder ist schon mal an ihm verzweifelt, manche haben ihn gemeistert. Einmal im Leben zu diesen wenigen Ausgewählten zu gehören, ist ein Lebensziel, das ich mir noch erfülle. Bis dahin gebe ich mit dem 9er-Zauberwürfel an. Drei gleichfarbige Felder in einer Reihe kriege nämlich sogar ich hin.

51. Wissen, was bei einem Unfall zu tun ist.

Der Grund, warum viele nach einem Unfall nicht helfen, ist nicht, dass es sie nicht kümmert, sondern dass sie Angst haben, etwas falsch zu machen. Damit du keine Angst davor hast, zu helfen, empfehle ich, alle zwei Jahre einen Erste-Hilfe-Kurs zu machen. Angebote dazu gibt es beim Roten Kreuz, den Johannitern etc.

52. Eine Movie-Tour zu den Drehorten des Lieblingsfilms/ der Lieblingsserie machen.

Eine Reise nach Neuseeland, um den Gefährten auf ihrem Weg nachzufolgen. Ein Trip nach Schottland, um auf Jamie Frasers Spuren zu wandeln. Das werden bestimmt wunderbare Erfahrungen. Nur bei einem Besuch in King's Landing aka Dubrovnik solltest du dich vorher gut informieren, wann der Andrang nicht ganz so arg ist. Die Stadt ist mittlerweile überflutet mit *Game of Thrones*-Fans.

53. Bilder von allen Reisen aufhängen.

Bei so vielen tollen Reisen gibt es natürlich auch Unmengen an Bildern. Wähl die schönsten aus und häng sie an die Wand. So hast du eine ständige Erinnerung an die schöne Zeit vor Augen. Wenn du auch noch einen leeren Bilderrahmen dazuhängst, hast du auch gleich noch einen ständigen Reminder, bald wieder loszuziehen.

54. Den Sonnenaufgang vom Gipfel aus beobachten.

Je nach Jahreszeit musst du dafür mitten in der Nacht oder frühmorgens um vier oder fünf losgehen. Der weite Sternenhimmel über dir, die Stille, weil niemand sonst unterwegs ist, und schließlich der Blick vom Gipfel, wenn langsam die Sonne über dem nächsten Kamm aufgeht und die Welt in ihr goldenes Licht hüllt. Einfach unbezahlbar.

55. Verkleidet zur Rocky Horror Show gehen.

Gelegenheiten, Teil einer Gruppe aus bestrapsten Männern, Männern in goldenen Badehosen und Frauen mit Putzmädchenuniform zu sein, gibt es sonst nur zu Karneval. Daher sollte man die Rocky Horror Show als Anlass nehmen, sich verkleiden und dann während der Show mit den anderen Gästen mit Reis werfen, mit Wasserpistolen spritzen und natürlich tanzen: Let's do the time warp again!

56. Wintergrillen.

Denn wieso solltest du auf so etwas Geniales verzichten, nur weil der Boden nicht mehr grün, sondern weiß ist? Eben.

57. Spuren hinterlassen.

Manche hinterlassen ihre Spuren durch ein Buch, das sie geschrieben, eine Erfindung, die sie gemacht haben. Doch man muss nichts Außergewöhnliches tun, um Spuren im Leben anderer Menschen zu hinterlassen. Sei einfach großzügig, freundlich, offen und entgegenkommend. Dann wirst du nicht vergessen.

58. Auf der Brücke in Avignon tanzen.

Jeder kennt das Kinderlied *Sur le pont d' Avignon*, bei dem man dazu aufgefordert wird, auf der Brücke von Avignon zu tanzen. Ich hab das mal probiert und kann sagen, dass es sich schon ein bisschen so anfühlt, als hätte man sich einen Kindheitstraum erfüllt. So locker und frei Ringelreihen tanzen hab ich seit dem Kindergarten nicht mehr gemacht. Doch, kleine Info am Rande, damit du nicht genauso verdutzt bist wie ich: Stell dich darauf ein, dass du nur eine halb fertige Brücke vorfinden wirst. Die Franzosen hatten anscheinend keine Lust mehr weiterzubauen ... Na ja, egal. On y danse!

59. Das eigene Hogwarts-Haus kennen.

Gryffindor, Hufflepuff, Ravenclaw, Slytherin. Diese Häuser stehen zur Auswahl. Nein, du musst jetzt kein Harry-Potter-Freak werden, aber es ist durchaus hilfreich, sich mit der Frage zu beschäftigen, welche Eigenschaften für dich den größten Wert haben und womit du dich am ehesten identifizierst. Sind es Intelligenz und Disziplin? Mut und Abenteuerlust? Freundlichkeit und Eifer? Loyalität und Ehrgeiz? Denk darüber nach.

60. Lernen, wie Backgammon funktioniert.

Backgammon ist bei jeder Spielesammlung dabei, aber hat jemand wirklich schon mal Menschen gesehen, die dieses Spiel gespielt haben? Ich nicht. Bis ich mir mal das Herz genommen hab und mich damit beschäftigt habe. Mittlerweile gibt es zum Glück für alles ein YouTube-Video. Es ist gar nicht so schwer und innerhalb eines Nachmittags zu lernen. Und hinterher kann man von sich behaupten, eins der ältesten Strategiespiele der Welt zu beherrschen. Wer braucht schon Schach? Backgammon ist das Spiel der wirklich Vornehmen.

61. Den Unterschied zwischen Stalagmiten und Stalaktiten kennen.

Es ist gar nicht so schwer, ich erklär es mal kurz: Stalaktiten sind die Tropfsteine, die von oben runterhängen, Stalagmiten die, die von unten nach oben zu wachsen scheinen. Merken kann man sich das ganz einfach mit Titten. Die hängen nämlich irgendwann genauso sehr wie Stalaktiten. Ach ja, und für die besonderen Klugscheißer: Stalagnat nennt man es, wenn Stalaktit und Stalagmit zusammengewachsen sind.

62. Bereit sein für die Zombieapokalypse.

Egal, wie unwahrscheinlich das Szenario ist, ich wär lieber vorbereitet, wenn die Zombieapokalypse eines Tages beginnt. Also Notfallrucksack bereitlegen und einen sicheren Ort wissen, an den man fahren kann. Am besten mit genügend Konserven, um das Ganze eine Weile aussitzen zu können.

63. Die Perseiden bewundern.

In den Tagen um den 12. August herum, wenn dieser jährliche Meteorstrom auftritt, solltest sogar du eine Sternschnuppe sehen können. Also Augen auf und wünsch dir was!

64. Ein Museum in der eigenen Stadt besuchen.

Louvre – klar, Guggenheim-Museum, ach, da war ich doch erst letzte Woche! Aber an dem kleinen Museum in der nächsten Straße geh ich jeden Tag nur vorbei. Schluss damit. Jede Stadt, sei sie auch noch so klein, hat ein Museum, das vielleicht eine lokale Besonderheit behandelt oder sich der Sammelleidenschaft eines Mitbürgers widmet. Ein Besuch dieser Museen lohnt sich wirklich. Und wer sonst kann schon behaupten, im Nachttopf-Museum oder in Deutschlands größtem Schweinemuseum gewesen zu sein?

65. Die Regenbogenstrecke bei Mario Kart meistern.

Es gibt weniges, was mich so nah an den Rand eines Nervenzusammenbruchs getrieben hat wie die Regenbogenstrecke bei Mario Kart. Ich bin bei jeder Kurve (okay, manchmal auch auf der Geraden) runtergefallen und musste von der netten Wolke wieder auf die Straße gesetzt werden, nur um drei Sekunden später schon wieder einen auf *Thelma & Louise* zu machen. Falls es dir genauso geht, lass dir gesagt sein: Man kann diese Strecke bis zum Gehtnichtmehr trainieren und siehe da, irgendwann funktioniert es und man schafft die Strecke ohne einen einzigen Wolkenzwischenfall.

66. Ein fünfstöckiges Kartenhaus bauen.

Als Kind hat man ungezählte Stunden der Langeweile damit zu füllen versucht, das perfekte Kartenhaus zu bauen. Fang damit wieder an, werde ein Meister in der Kunst und:

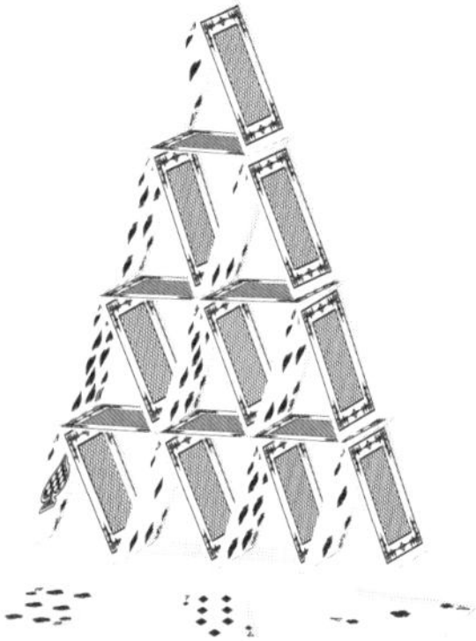

67. Puste es wieder um.

So ähnlich muss sich der Wettergott fühlen, wenn er Wind schickt. Ein allmächtiges Gefühl.

68. Schlagfertig auf eine Beleidigung antworten.

Man wird beleidigt, würde gern eine schlagfertige Antwort parat haben, steht aber voll auf dem Schlauch. Die geeignete Entgegnung fällt dir erst zwei Stunden später ein. Der Klassiker. Doch das muss nicht sein. Es gibt Bücher, die sich mit dem Thema beschäftigen, und auch im Internet findet man unzählige Tipps.

69. Eine Auster vernünftig essen.

Damit du im Restaurant nicht mehr auffällst als sonst schon:

1. Nimm die Auster in die linke Hand und halte sie auf oder über dem Teller mit Daumen und Zeigefinger fest.
2. Falls es noch nicht geschehen ist: Löse das Fleisch mithilfe der Austerngabel vom sogenannten Austernpunkt ab.
3. Setze die Schale an den Mund und schlürfe die Auster zusammen mit der Austernflüssigkeit (möglichst leise) aus der Schale.

Wenn du auch noch wissen willst, wie man eine Auster richtig öffnet, empfehle ich die Seite www.feinschmecker.com.

70. Das Elternhaus der engsten Freunde besuchen.

Ihr seid schon jahrelang befreundet, aber das Zuhause, der Ort, an dem deine Freundin aufgewachsen ist, kannst du dir nur vage vorstellen? Pack deine Koffer und besuch sie daheim, denn nichts verrät so viel über einen Menschen, wie seinen Ursprung kennenzulernen. PS: Lade auch deine Freunde in dein Zuhause ein.

71. Sich ein Pseudonym zulegen.

Ob Regina Phalange wie Phoebes Pseudonym bei *Friends* oder etwas so Abgefahrenes wie Rocket Parzival Roßgoderer: Mal dir aus, was dein Alter Ego für ein Leben führt. Was sind seine Träume und Wünsche? Wovor hat er Angst? Vergleich sein Leben mit deinem und stelle fest, was toll ist und du beibehalten solltest und was du vielleicht ändern kannst, um ein bisschen mehr wie Fleur Ottolina zu sein.

72. Eine alte Angst überwinden.

Spinnen, die Höhe oder Clowns: Es gibt viele Dinge, vor denen man Angst haben kann, aber nicht muss. Stell dich deiner Angst, geh auf Konfrontation und erlebe das tolle Gefühl, sie zu überwinden und wieder frei durch das Leben zu gehen.

73. Strip Poker gewinnen.

Denn was für alle Spiele gilt, gilt für dieses besonders: Gewinnen ist immer besser als verlieren.
PS: Achte darauf, keine Hello-Kitty-Unterwäsche zu tragen.

74. Die Queen Mary 2 im Hamburger Hafen einfahren sehen.

Das Schiff ist größer als die meisten Häuser und länger als drei Fußballfelder hintereinander. Doch das wirklich Tolle an diesem Erlebnis sind die Hamburger, für die ihr Hafen und ihre Schiffe das Größte sind. Ihre Begeisterung mitzubekommen, begeistert mich selbst jedes Mal wieder.

75. Praktikant bei der Lokalredaktion sein.

Nichts bringt mehr Action in den schnöden Büroalltag, als wenn draußen ein Feuerwehrauto vorbeifährt und man dem natürlich sofort folgen muss, um die aktuellsten News zu bekommen. Was aber auch super ist: Bei der Presse sein während eines Volksfestes. So viele Biermarken kann man gar nicht vertrinken, wie man da bekommt.

76. Einen Baum pflanzen.

Und ihm beim Wachsen zusehen. Da so ein Baum eine ganze Weile braucht, um zu ganzer Größe heranzuwachsen, empfiehlt es sich, ihn vielleicht relativ früh zu pflanzen. Ansonsten erfreuen sich wenigstens später die Kinder daran.

77. Eine Woche vegan leben.

Nur um zu entdecken, dass es möglich ist.

78. Sich mit der ganzen Familie fotografieren lassen.

Am besten mit Oma und Opa. Du weißt nie, wann es dafür zu spät sein kann. Also lass dich am besten gleich mit deinen Liebsten ablichten und hab dein Leben lang deine Familie bei dir.

79. SOS morsen können, aber nicht müssen.

Vielleicht bin ich da ein wenig geprägt von Dramaserien, aber irgendwann kommt immer der Moment, wenn jemand verschüttet ist und sich nur mithilfe von Morsezeichen, die über das Heizungsrohr geleitet werden, bemerkbar machen kann. Ich hoffe, das wirst niemals du sein, aber wenn doch, sei bereit.

80. Weniger sollen.

Ich sollte eigentlich schon langsam einen Job haben, in dem ich die nächsten Jahrzehnte bleiben will. Eigentlich sollte ich schon längst verheiratet sein und an Kinder denken. Nein, du solltest gar nichts. Leb dein Leben, wie es dir gefällt, und vergiss das Sollen.

81. Eine Gehaltserhöhung verlangen und sie bekommen.

Manchmal braucht man einfach Eier, egal ob Mann oder Frau. So zum Beispiel, wenn man gern mehr Geld von seinem Arbeitgeber möchte. Doch es lohnt sich (in den meisten Fällen), aufzustehen und mehr zu verlangen. Es ist schließlich sehr unwahrscheinlich, dass dir dein Chef einfach so aus Nächstenliebe mehr Geld anbietet. Also: Cojones!

82. Geschenke schön verpacken können.

Ich gehörte lange Zeit zu der Kategorie »Scheißegal, wie das jetzt aussieht, es kommt sowieso nur auf den Inhalt an«. Das stimmt zwar, aber eben auch nur bedingt. So kann aus einem ganz gewöhnlichen Geschenk mithilfe von ein bisschen Goldfolie, einem Tannenzweig und einem Edding ein echter Hingucker werden. Da merkt auch niemand mehr, dass das Geschenk an sich vielleicht nicht ganz so dolle war.

83. Sich um die Altersvorsorge kümmern.

Wenn alles glattgeht, musst du dich darum nur ein einziges Mal kümmern, aber dieses eine Mal solltest du schon langsam in Angriff nehmen. Wenn du denkst: »In dem ganzen Vorsorgedschungel kenn ich mich sowieso nicht aus«, empfehle ich dir dieses Buch: *1 x Rente bitte! Die große Portion!*[1] Innerhalb einer Stunde hast du das Wichtigste gelernt und bist bereit für diesen Schritt.

1 Tonn, Sebastian: *1 x Rente bitte! Die große Portion! Heute richtig vorsorgen – anschaulich und einfach erklärt*, FinanzBuch Verlag 2016.

84. Ein Möbelstück selbst herstellen.

Es muss nicht gleich ein Kleiderschrank sein, aber so einen Tisch oder ein Regal kann man ganz einfach selbst bauen. Das Design kannst du dir durchaus in schwedischen Möbelhäusern abschauen, wenn du willst. Die Bretter werden dir im Baumarkt auf die richtige Größe zusammengeschnitten und der Rest läuft auch wie geschnitten Brot. So hast du am Ende ein Unikat, das bei sonst niemandem in der Wohnung steht.

85. Auf einem Gebiet Experte werden.

Du interessierst dich für die Aufzucht von Minischweinen? Super! Du verbringst deine Zeit am liebsten damit, alle Werke von Proust auswendig zu lernen? Perfekt! Tu, was du liebst, und sei die absolute Koryphäe auf dem Gebiet.

86. Eine Pflanze ein ganzes Jahr lang am Leben halten.

Grüner Daumen hin oder her, es kann doch nicht so schwer sein, eine simple Pflanze am Leben zu erhalten. Wie soll es sonst schließlich mit Haustieren oder gar Kindern laufen? Für Einsteiger empfehle ich einen Drachenbaum, eine Yuccapalme oder einen Gliederkaktus. Beim Kaktus bitte nur darauf achten, dass du ihn nicht zu viel gießt.

87. Einen Zaubertrick beherrschen.

Ein kleiner Kartentrick, eine Münze verschwinden lassen und hinter dem Ohr wieder erscheinen lassen, eine Blume aus dem Ärmel zaubern. Das sind Klassiker, die jeden begeistern. Mit ein bisschen Übung kriegst du das bestimmt auch hin.

88. Um Verzeihung bitten.

Ich würde behaupten, dass jedem mindestens eine Person einfällt, bei der er gern um Verzeihung bitten würde. Tu es. Du hast nichts zu verlieren, aber eine Menge zu gewinnen. Das leichtere Gewissen ist nur ein Bonus.

89. Dir selbst verzeihen.

Vergiss aber nicht, auch dir selbst zu verzeihen. Dafür, dass du vielleicht nicht so fit bist, wie du es gern wärst. Nicht so fleißig, nicht so diszipliniert, was auch immer. Niemand ist perfekt, und genau deswegen ist jeder einmalig und besonders. Auch du.

90. Loswerden, was nicht mehr gebraucht wird.

Kleidungsstücke, die du schon seit Jahren nicht mehr getragen hast, WhatsApp-Gruppen, die nur nerven, die hässliche Hundeskulptur von Tante Martha. Gib weg und lass los, was du nicht mehr brauchst. Dann hast du wieder mehr Platz für Neues.

91. Mindestens ein Zimmer komplett neu einrichten.

Neue Wandfarbe, ein neues Sofa, neue Dekoration. Die Möglichkeiten sind grenzenlos. Für Profis: Tausch das Schlafzimmer mit dem Wohnzimmer. Auch wenn du vielleicht dieselben Möbel verwendest, wird es ein ganz anderes Raumgefühl sein.

92. Eine alte *Bravo* lesen und feststellen, dass man mittlerweile so schlau ist wie Dr. Sommer.

Was haben wir uns früher nicht immer darüber lustig gemacht, was für Fragen an Dr. Sommer gestellt werden, nur um die Antworten heimlich ganz genau zu studieren. Schau dir eine alte Ausgabe (oder auch eine neue an), schmunzle und erfreue dich daran, dir diese Fragen heutzutage nicht mehr stellen zu müssen.

93. Ein Tabu brechen.

Ein Tattoo mit 70. Weißwurst nach 12 Uhr mittags. Eine Glatze als Frau tragen. Tut man nicht? Scheißegal. Lass dir die ganzen Einschränkungen der Gesellschaft am Arsch vorbeigehen und fall aus dem Rahmen, sodass es irgendwann keinen Rahmen mehr gibt.

94. Sich nackt fotografieren lassen und mit dem Ergebnis zufrieden sein.

Vielleicht siehst du nicht aus wie die armen Mädchen, die Heidi Klum ständig über den Laufsteg scheucht. Vielleicht sind die Hüften ein bisschen rund oder die Brust etwas klein. Doch das ist egal. Dein Körper führt dich durch das Leben, also sei bereit, ihn mit seinen kleinen Makeln zu lieben und zu ihm zu stehen.

95. Die To-do-Liste abarbeiten.

Und zwar am dafür vorgesehenen Tag! Keine einzige Aufgabe auf den nächsten Tag verschieben. Nie wirst du seliger schlafen und am nächsten Morgen entspannter aufwachen!

96. Ein Praktikum beim Lieblingsberuf der Kindheit machen.

Als Kind wolltest du immer Feuerwehrmann werden, Archäologin oder Tierarzt? Mach eine Woche lang ein Schnupperpraktikum in diesem Beruf und stell fest, dass es die richtige Entscheidung war, diesen Traum irgendwann sein zu lassen. Oder stell fest, dass das tatsächlich genau der richtige Job wäre. Dann viel Spaß bei der Umschulung.

97. Helfen, ohne gefragt zu werden.

Helfen, wenn man gefragt wird, ist einfach. Aber wie wär es mit einfach mal so die Tür aufhalten, weil jemand schwer trägt? Arbeit abnehmen, weil der andere überlastet ist? In den Arm nehmen, weil der andere am Ende ist? Dein Karma wird es dir danken.

98. Sich überlegen, wie man das letzte Lebensjahr verbringen will.

Stell dir vor, du hättest nur noch ein Jahr zu leben. Was würdest du gern noch erleben? Mit wem Zeit verbringen? Womit würdest du deine Zeit nicht mehr vergeuden? Werde dir klar, was dir wichtig ist, und lebe nach dieser Erkenntnis. Dann brauchst du am Ende deines Lebens nichts bereuen.

99. Es JETZT tun.

ndlich anfangen, Tango Argentino zu lernen. rabisch fandest du immer schon eine tolle prache. Und die Besteigung des Matterhorns chiebst du Jahr vor Jahr vor dir her. Egal, was s ist: Mit dem Aufschieben ist Schluss. Tu es ETZT.

Bibliografische Information der Deutschen Nationalbibliothek
Die Deutsche Nationalbibliothek verzeichnet diese Publikation in der Deutschen Nationalbibliografie. Detaillierte bibliografische Daten sind im Internet über http://dnb.d-nb.de abrufbar.

Für Fragen und Anregungen:
info@mvg-verlag.de

Originalausgabe

1. Auflage 2018

Nymphenburger Straße 86
D-80636 München
Tel.: 089 651285-0
Fax: 089 652096

Umschlaggestaltung: Laura Osswald, München
Umschlagabbildung: Laura Osswald, München
Layout: Isabella Dorsch, München
Illustrationen: Shutterstock/ksuklein, oculo, SunshineVector, Oleg7799, Andre Adams, Dmitry Fokin, VoodooDot, Supza, Anna Frajtova, Vectomart, miumi, Farah Sadikhova, Katja Gerasimova
Satz: Carsten Klein, Torgau
Druck: Florjancic Tisk d.o.o., Slowenien
Printed in the EU

ISBN Print 978-3-86882-936-5
ISBN E-Book (PDF) 978-3-96121-284-2
ISBN E-Book (EPUB, Mobi) 978-3-96121-285-9

Weitere Informationen zum Verlag finden Sie unter

www.mvg-verlag.de

Beachten Sie auch unsere weiteren Verlage unter www.m-vg.de

99. Es JETZT tun.

Endlich anfangen, Tango Argentino zu lernen. Arabisch fandest du immer schon eine tolle Sprache. Und die Besteigung des Matterhorns schiebst du Jahr vor Jahr vor dir her. Egal, was es ist: Mit dem Aufschieben ist Schluss. Tu es JETZT.

Bibliografische Information der Deutschen Nationalbibliothek
Die Deutsche Nationalbibliothek verzeichnet diese Publikation in der Deutschen Nationalbibliografie. Detaillierte bibliografische Daten sind im Internet über http://dnb.d-nb.de abrufbar.

Für Fragen und Anregungen:
info@mvg-verlag.de

Originalausgabe

1. Auflage 2018

Nymphenburger Straße 86
D-80636 München
Tel.: 089 651285-0
Fax: 089 652096

Umschlaggestaltung: Laura Osswald, München
Umschlagabbildung: Laura Osswald, München
Layout: Isabella Dorsch, München
Illustrationen: Shutterstock/ksuklein, oculo, SunshineVector, Oleg7799, Andre Adams, Dmitry Fokin, VoodooDot, Supza, Anna Frajtova, Vectomart, miumi, Farah Sadikhova, Katja Gerasimova
Satz: Carsten Klein, Torgau
Druck: Florjancic Tisk d.o.o., Slowenien
Printed in the EU

ISBN Print 978-3-86882-936-5
ISBN E-Book (PDF) 978-3-96121-284-2
ISBN E-Book (EPUB, Mobi) 978-3-96121-285-9